LA FLUTE ENCHANTÉE

ACTE PREMIER

PREMIER TABLEAU

La grotte des fées. — Rochers, fleurs fantastiques; stalactites, etc. — Au fond un sentier praticable tracé au milieu des rochers. — Il fait nuit.

SCÈNE PREMIÈRE

TAMINO, GNOMES. Tamino entre en scène poursuivi par des gnomes.

TAMINO.
A l'aide !... j'expire !...
Quel piége m'attire ?
Horrible délire !
Je vois leurs yeux luire !
Dans l'ombre je les entends rire !
Démons! suis-je dans votre empire ?
Je tremble d'effroi !
Grands dieux, sauvez-moi !

(Il chancelle et tombe évanoui sur un banc de rocher. — Les gnomes l'entourent. Au même instant apparaissent trois fées, qui, d'un geste impérieux, mettent les gnomes en fuite. — Le jour commence à paraître.)

SCÈNE II

LES TROIS FÉES, TAMINO, évanoui.

LES TROIS FÉES.
Nous sommes là! rassure-toi !
Courage !
La vision s'évanouit ;
C'est un mirage, un vain mirage
Qu'emporte l'ombre de la nuit.
(S'approchant de Tamino.)

Approchons-nous tout doucement ;
Voyez, mes sœurs, ce front charmant ;
Prêtons secours à sa jeunesse ;
Nos soins pourront le ranimer ;
Il a vingt ans ; on doit l'aimer !
A son malheur je m'intéresse ;
Allons dire à notre maîtresse
De quels démons, de quel danger
Nous avons su le protéger.

PREMIÈRE FÉE.

Allez donc la trouver ! moi, je demeure ici...

DEUXIÈME FÉE.

Ne puis-je, comme vous, ma sœur, rester aussi ?

TROISIÈME FÉE.

De veiller sur ses jours laissez-moi le souci.

ENSEMBLE.

Seule, je reste ici ;
Je prendrai soin de lui !
(A part, toutes trois.)
Me renvoyer pour rester près de lui !
Non ! il n'en doit pas être ainsi !
C'est en prendre trop de souci ! —
Ah ! combien je serais ravie
De passer près de lui ma vie !
Lui plaire est mon plus cher désir ;
Mais évitons de nous trahir,
Et faisons mine de partir !
(S'adressant à Tamino.)
Adieu ! sur toi je veille ;
Parmi ces fleurs sommeille !
Bannis un vain effroi !
Mon cœur est près de toi !

(Sur un geste des trois fées les branches de feuillage qui entourent Tamino évanoui s'abaissent sur lui et le dérobent à la vue. — Les fées s'éloignent de différents côtés. — Au bout d'un moment l'une d'elles reparaît et s'approche doucement du bosquet où se trouve Tamino. — Les deux autres fées reparaissent de même l'une après l'autre.)

SCÈNE III

LES TROIS FÉES.

DEUXIÈME FÉE, à la première.

Eh bien ! est-ce ainsi que tu vas prévenir notre reine ?

PREMIÈRE FÉE.

Et toi-même que reviens-tu faire ici ?

TROISIÈME FÉE.

A merveille ! je vois que ce jeune mortel nous inspire à toutes trois le même intérêt.

ACTE PREMIER

DEUXIÈME FÉE.

J'avoue que le son de sa voix m'a touchée.

PREMIÈRE FÉE.

Plus que vous peut-être j'ai le droit de m'intéresser à lui ; car je connais son histoire qu'un papillon de nuit m'a contée.

TROISIÈME FÉE.

Vraiment ?

DEUXIÈME FÉE.

Et quelle est cette histoire ?

PREMIÈRE FÉE.

La voici... Ce jeune homme est un pêcheur des bords du Nil, né aux environs de Memphis dans la Basse-Égypte... Il avait pour voisines une pauvre veuve et sa fille, gagnant toutes deux leur vie à raccommoder des filets... La jeune fille était belle et Tamino l'aima.

DEUXIÈME FÉE.

Il se nomme Tamino ?

PREMIÈRE FÉE.

Oui !... Son amour fut partagé et les deux amants se jurèrent d'être l'un à l'autre. Chaque soir, après avoir tendu ses filets, Tamino ramenait sa barque vers la maison de sa fiancée, et d'une flûte de roseau qu'il était parvenu à se faire, il lui jouait, dans le silence de la nuit, des airs gais ou tendres auxquels la jeune fille essayait en riant de mêler sa voix et que les oiseaux s'efforçaient d'imiter... La reine de la nuit entendit ce concert de flûte, de voix et d'oiseaux, et descendit sur un rayon de lune pour l'écouter de plus près.

DEUXIÈME FÉE.

Je me doute du reste...

PREMIÈRE FÉE.

Tamino lui plut ; et la nuit suivante, au moment où il jetait ses filets, une vapeur argentée, s'élevant du fleuve, l'enveloppa et lui laissa voir, en se dissipant, la reine de la nuit parée de son diadème d'étoiles... Effrayé, il étendit les mains pour l'éloigner, mais elle, souriante, l'enlaça de ses bras et, s'asseyant dans la barque, l'attira près d'elle... De quelles séductions elle entoura le jeune pêcheur, vous le devinez sans peine ! enivré, fasciné, Tamino jura de l'accompagner dans son royaume, et leurs paroles d'amour glissaient encore à la surface du fleuve, quand la douzième heure en s'envolant toucha l'épaule de la reine et l'avertit que le jour allait paraître... elle murmura : à demain ! et disparut...

DEUXIÈME FÉE.

Oui, la coquette n'aime à se montrer que dans l'ombre, et la clarté du jour lui fait perdre, avec sa puissance, une partie de sa beauté !

TROISIÈME FÉE.

Et le lendemain ?

PREMIÈRE FÉE.

Le lendemain l'ivresse de Tamino s'était dissipée... Épouvanté du serment terrible qui le liait à la reine de la nuit, il avait couru chez sa fiancée, pour lui avouer sa faute et en obtenir le pardon...

DEUXIÈME FÉE.

Mais comment rompre le pacte fatal qu'il avait si imprudemment conclu ?...

PREMIÈRE FÉE.

Un prêtre d'Isis, consulté par les deux amants, apprit alors à Tamino qu'il ne pouvait en être dégagé que par l'intervention de la bonne déesse... Il fallait qu'avant la lune nouvelle il se fît initier aux mystères dans le temple de This, et qu'il y fût purifié de ses fautes passées. Je vous laisse à juger du désespoir de nos amants... Tamino se résigna enfin à partir, marchant le jour, dormant la nuit dans les temples pour ne pas donner prise aux puissances des ténèbres... mais ce matin, comme le terme fixé approchait, il s'est mis en marche avant le lever du soleil, et notre reine, profitant de son imprudence, a fait surgir autour de lui ces lutins et ces gnomes qui, le détournant de sa route, l'ont forcé à se jeter dans cette grotte d'où ne peut, sans notre aide, sortir aucun mortel.

DEUXIÈME FÉE.

Oui, c'est ainsi qu'elle agit d'ordinaire et son amour funeste condamne tôt ou tard les malheureux qui l'inspirent à la folie ou à la mort.

TROISIÈME FÉE.

Et ne pouvons-nous le sauver ?

PREMIÈRE FÉE.

J'y songeais... C'est demain au lever du jour qu'expire, avec le cours de la lune, le terme assigné à Tamino pour se racheter de son serment. S'il peut d'ici là pénétrer dans le sanctuaire, la protection d'Isis brisera le charme qui l'unit à la reine de la nuit... Privée de son pouvoir tant que dure le jour, notre maîtresse ne peut pénétrer ni combattre nos desseins ; profitons de son impuissance pour tirer Tamino du sommeil magique où les gnomes l'ont plongé et pour lui rendre la liberté !

DEUXIÈME FÉE.

Prends garde !... La reine pourrait nous surprendre.

TROISIÈME FÉE, écoutant.

N'entendez-vous pas marcher ?

PREMIÈRE FÉE, remontant du côté du théâtre.

Oui, c'est un oiseleur suivi de loin par une jeune fille... ils se dirigent de ce côté...

DEUXIÈME FÉE.

Les laisserons-nous entrer ici ?

PREMIÈRE FÉE.

Qu'ils viennent. Qu'ils parlent d'amour, et que le premier baiser qu'ils échangeront soit le sortilége qui doit éveiller Tamino... Les voici, cachons-nous !... (Les trois fées s'éloignent et disparaissent.)

SCÈNE IV

PAPAGENO, puis PAPAGENA.

(Papageno arrive en jouant de la flûte ; il descend par le praticable du fond et se retourne à demi de temps en temps pour voir s'il n'est pas suivi. Bientôt on aperçoit Papagena qui descend derrière lui. Quand ils sont tous deux en scène, Papageno se retourne brusquement.)

PAPAGENA, poussant un cri.

Ah ! (Elle veut s'enfuir.)

PAPAGENO, la retenant.

Reste ! reste, jeune fille ! ne sais-tu pas qui je suis ?

COUPLETS.

Je suis le joyeux oiseleur
Plus gai que le printemps en fleur ;
Je vois fillettes et garçons
Redire ensemble mes chansons !
Sur ma flûte champêtre
J'excelle à jouer plus d'un air ;
Et je commande en maître
A tous les gais enfants de l'air !

Pour mieux prendre les belles
Que n'ai-je aussi des piéges prêts ?
Ah ! de ces tourterelles
Quelle volière je ferais !
Je suis le joyeux oiseleur
Plus gai que le printemps en fleur ;
Je vois fillettes et garçons
Redire ensemble mes chansons !

PAPAGENA.

C'est fort bien, et je ne doute pas que vos chansons ne soient les plus belles du monde... Mais comme je ne suis pas un enfant de l'air, vous me permettrez de continuer mon chemin.

PAPAGENO, avec volubilité.

Ah! jeune fille, depuis que je prends des oiseaux au filet, à la pipée, au trébuchet, j'en ai vu de bien brillants, de bien jaseurs; mais pas un n'était aussi joli que toi, pas un n'avait une voix aussi douce que la tienne...

PAPAGENA.

Vraiment! (A part.) Ce garçon n'est pas sot.

PAPAGENO.

Je t'ai dit qui je suis. Mais toi!... qui es-tu?

PAPAGENA.

Hélas! j'appartiens à ce farouche Nubien, dont le palais domine la montagne voisine.

PAPAGENO.

Ah! oui!... le seigneur Monostatos, qui, pour devenir puissant et riche, s'est voué, dit-on, aux divinités de la nuit, et qui a l'âme encore plus noire que le corps...

PAPAGENA.

Grand Dieu! si l'on vous entendait.

PAPAGENO.

Rassure-toi! nous sommes seuls! Je me suis toujours tenu à une distance respectueuse de son palais, mais j'ai entendu parler de lui... On assure d'ailleurs que son humeur sauvage s'attendrit volontiers dans l'occasion, et que la couleur de sa peau ne l'empêche pas d'avoir pour les blanches une tendresse toute particulière?... Eh! eh!... Tu en sais peut-être quelque chose!

PAPAGENA.

Oh! je ne suis qu'une humble servante, et mon maître réserve ses regards pour de plus belles que moi!...

PAPAGENO.

Où les prend-il, grand Dieu!

PAPAGENA.

Vous êtes un flatteur, et si vous aviez vu sa nouvelle esclave, c'est à elle que vous adresseriez vos compliments.

PAPAGENO.

Une nouvelle esclave, dis-tu?

PAPAGENA.

Qui lui a été amenée hier tout éplorée et que jusqu'ici

j'ai vainement essayé de consoler. La pauvre fille a été enlevée à sa mère et à son fiancé, et ne parle que de mourir... C'est pour lui chercher de ces belles fleurs, qui ont, dit-on, la vertu de faire aimer, que mon maître m'a envoyée dès le point du jour dans la campagne.

PAPAGENO.

Et tu as trouvé ce que tu cherchais?

PAPAGENA.

Non! mais en approchant de cette grotte, j'ai vu des fleurs inconnues, au parfum enivrant, aux couleurs éclatantes!

PAPAGENO.

C'est comme moi! j'ai aperçu des oiseaux au plumage diapré, au chant harmonieux!... Puis je t'ai vue!...

PAPAGENA.

Puis j'ai entendu ta flûte et je t'ai suivi.

PAPAGENO.

Eh bien! c'est à merveille! nous allons chercher ensemble des fleurs et des oiseaux. (Il la mène tout doucement près d'un banc de mousse du côté où Tamino est endormi.) On te nomme?

PAPAGENA.

Papagena.

PAPAGENO.

O merveille! je m'appelle, moi, Papageno... Papagena! Papageno! nos deux noms étaient faits l'un pour l'autre! Tu m'apprendras quelles sont ces fleurs qui font aimer.

PAPAGENA.

Vous m'apprendrez quelles sont vos ruses d'oiseleur.

PAPAGENO.

Tout ce que tu voudras... L'essentiel, vois-tu, c'est de ne pas effaroucher l'oiseau que l'on veut attraper. (Il lui prend la main.)

PAPAGENA.

Que faites-vous?

PAPAGENO.

Je t'explique!... Il faut s'y prendre tout doucement, tout doucement pour arriver au but. (Il veut l'embrasser.)

PAPAGENA, se défendant.

Mais que faites-vous donc?

PAPAGENO.

Je t'explique!...

PAPAGENA.

Moins d'explications... je vous en prie!... (Papageno l'embrasse. Au même instant les branches d'arbres qui masquaient Tamino se relèvent. — Il se réveille. — Papagena se retourne.) Ah! mon Dieu!... Qu'est-ce que cela ?

PAPAGENO, à part.

Tiens! il paraît que nous n'étions pas seuls!

SCÈNE V

PAPAGENO, PAPAGENA, TAMINO.

TAMINO, passant la main sur son front.

Quel rêve affreux!... mais non! je n'ai pas rêvé!... je me souviens!... ces gnomes qui m'entouraient... (Se levant.) Ah!... le jour brille!... Ils ont disparu!... (Apercevant Papageno.) Mais voici quelqu'un... Dites-moi, l'ami, où suis-je ?

PAPAGENO.

Aux environs de This... Vous êtes étranger?

TAMINO.

J'arrive de la Basse-Égypte et il faut que je sois rendu au temple d'Isis avant la fin du jour!

PAPAGENO.

Viendriez-vous pour subir les épreuves imposées aux nouveaux initiés?

TAMINO.

Oui.

PAPAGENO.

Brrr!... Il paraît que c'est terrible!... Je n'ai aperçu le grand-prêtre qu'une fois! mais on voit tout de suite que c'est un homme avec qui il ne faut pas rire. Au surplus vous en jugerez bientôt, car le temple n'est qu'à deux heures de marche.

TAMINO.

Le ciel soit loué! Je craignais que ces gnomes...

PAPAGENA.

Des gnomes!

TAMINO.

Oui, d'effrayantes apparitions qui ont surgi dans l'ombre autour de moi et m'ont détourné de mon chemin.

PAPAGENO, à part.

Aurait-il la tête dérangée ?

TAMINO.

Ah! je reconnais la puissance ennemie qui me poursuit de ses sortiléges! C'est elle encore, sans doute, qui voulait m'éloigner du temple pour me séparer à jamais de Pamina.

PAPAGENA, vivement.

Pamina, dites-vous ?

TAMINO.

Ma fiancée !...

AIR :

Jamais dans son rêve un poëte
Ne vit de beauté plus parfaite !
Je l'aime ! de ses doux attraits
Mon cœur est l'esclave à jamais !
Sur cette ardeur soudaine et tendre
Non ! non ! je ne puis me méprendre !
Le feu qui me brûle en ce jour,
Ce feu si pur, c'est bien l'amour !
O belle enfant ! toi que j'adore,
Si je pouvais te voir encore,
D'ivresse tremblant, éperdu,
Ah ! je voudrais cent fois te dire
Les vœux de ce cœur qui soupire
Et pleure son bonheur perdu !

PAPAGENA.

Mais alors vous êtes donc Tamino ?

TAMINO.

Qui vous a dit mon nom ?

PAPAGENA.

Pamina elle-même.

TAMINO.

Vous la connaissez ?

PAPAGENA.

Un marchand d'esclaves l'a vendue hier au seigneur Monostatos.

TAMINO.

Vendue !

PAPAGENA.

Elle ne cesse de se désoler et de répéter votre nom !

TAMINO.

Qu'entends-je !... Ah ! courons la délivrer !

PAPAGENO.

Doucement ! on ne délivre pas ainsi les captives de ce bon seigneur.

PAPAGENA.

Son palais est situé sur des hauteurs inaccessibles, et des grilles d'or en défendent l'approche.

TAMINO.

Je surmonterai tous les obstacles.

PAPAGENO.
Songez-vous que c'est risquer votre tête?
TAMINO.
Qu'importe?... (A Papagena.) Vous qui avez vu sa douleur, refuserez-vous de me servir de guide?
PAPAGENA.
Ma foi! je me laisse toucher, et je ferai tout ce que je pourrai pour vous aider dans votre entreprise.
TAMINO.
Partons!
PAPAGENO.
Eh bien! qu'est devenu le sentier par où nous sommes arrivés? (Le praticable a disparu.)
PAPAGENA.
C'était par là!
PAPAGENO.
Non! par là!... Aucune issue!... ah! malheur à nous!... Je vois à présent que nous sommes dans la vallée des fées. N'en avez-vous pas entendu parler? quand une fois on y est entré, l'on n'en peut plus sortir.
PAPAGENA.
Ah! mon Dieu!
PAPAGENO.
Nous sommes perdus!
TAMINO.
Ces fées sont donc bien terribles?...
PAPAGENO.
Ne m'en parlez pas! des cheveux blancs, des yeux verts, un menton crochu, et des dents de crocodile!...
PAPAGENA.
Ah!...
PAPAGENO, faisant un bond en arrière.
Quoi?
PAPAGENA, pleurant.
Rien!... Je vous écoute!...
TAMINO.
Voyons! il ne s'agit pas de pleurer, mais de trouver une issue!... Allez de ce côté, tandis que je chercherai de l'autre!
PAPAGENO.
Hélas! j'ai bien peur que nos recherches ne soient inutiles!
PAPAGENA, toujours pleurant.
Pourquoi jouer de la flûte aussi? Nous ne serions pas où nous en sommes! (Elle s'éloigne avec Papageno.)

ACTE PREMIER

SCÈNE VI

TAMINO, puis LA REINE DE LA NUIT.

TAMINO.

Orientons-nous!... c'est par là que j'ai dû entrer... (Le théâtre s'obscurcit.) Mais quelle nuit soudaine m'environne?... (La reine de la nuit, entourée des douze heures, lui apparaît.) Grand Dieu!... c'est elle!... la reine de la nuit!...

LA REINE DE LA NUIT.

Ne tremble pas, toi qui m'es cher!
Ma voix t'implore, ô cœur ingrat et fier!
Lève tes yeux vers moi, moi qui suis belle!
Moi, de la sombre nuit reine éternelle!

Cruel! je t'offre ma tendresse!
Dans mon palais, ah! viens! suis-moi!
Ton cœur parjure me délaisse!
Deviens l'époux d'une déesse!
Je te fais roi!

Je pleure! et ton âme glacée
Repousse ma flamme insensée!
Un autre amour m'en a chassée!
Hélas! en vain tu vois mes pleurs!
L'amour d'une autre fiancée
Ajoute encore à mes douleurs!

Quand la nuit sur nous répandra ses voiles,
Rends-moi ton cœur! Hélas! rends-moi l'espoir!
Sur mon trône semé d'étoiles,
A mes pieds tu viendras t'asseoir!

(Elle disparaît.)

TAMINO.

Ah! tout espoir est perdu! je suis en son pouvoir!

SCÈNE VII

TAMINO, PAPAGENO, PAPAGENA, puis LES TROIS FÉES.

PAPAGENA.

Hélas!... Pas un sentier!... nous voilà condamnés à mourir de faim!

PAPAGENO.

Ou à devenir la proie des vieilles fées malfaisantes!

PAPAGENA, pleurant.

Ah!

TAMINO.

Eh quoi! personne ne viendra-t-il à notre secours?

LES TROIS FÉES, paraissant.

Nous!

PAPAGENO.

Aïe!... Qu'est-ce que cela!

PREMIÈRE FÉE.

Les fées...

PAPAGENA.

Les fées!...

PAPAGENO.

Tiens! Elles sont gentilles!

TAMINO.

Est-ce donc vous qui nous aiderez à sortir d'ici? qui nous protégerez contre la reine de la nuit?

PREMIÈRE FÉE.

Oui.

PAPAGENO.

O bonheur!... Alors indiquez-nous le chemin!

DEUXIÈME FÉE.

Un moment!

TROISIÈME FÉE.

Il y a des conditions.

PREMIÈRE FÉE.

Il faut, pour sortir d'ici, que vous soyez dans l'impuissance de jamais révéler aux mortels ce que vous y avez vu!

PAPAGENO.

Nous serons discrets.

DEUXIÈME FÉE.

Cette promesse ne suffit pas!

PREMIÈRE FÉE.

Vous devez perdre la mémoire ou la parole.

PAPAGENA, vivement.

Perdre la parole! jamais!

PREMIÈRE FÉE.

Va pour la mémoire alors! (Elle fait un geste, Papagena porte vivement les mains à son front.)

PAPAGENA.

Ah!... Où suis-je?... Quels sont ces gens-là?

PAPAGENO.

Comment? elle m'a déjà oublié!

TROISIÈME FÉE.

Va!... (Papagena se sauve et disparaît.)

ACTE PREMIER

SCÈNE VIII

TAMINO, PAPAGENO, LES TROIS FÉES.

PREMIÈRE FÉE, à Papageno.

Et toi, que choisis-tu?

PAPAGENO.

Permettez! Je demande à réfléchir... la mémoire! perdre le souvenir de Papagena!...

DEUXIÈME FÉE.

Aimes-tu mieux perdre la parole?

PAPAGENO.

Je n'ai pas dit cela! sans la parole comment lui rappellerai-je?...

TROISIÈME FÉE.

C'est donc la mémoire?

PAPAGENO.

Mais!...

PREMIÈRE FÉE, étendant la main.

Allons! c'est fait!

PAPAGENO.

Je... (Il veut parler et ne peut articuler un mot.)

PREMIÈRE FÉE.

Cela t'apprendra à dire que les fées ont des mentons crochus et des dents de crocodile. (A Tamino.) Pour toi, tu sortiras sans condition de notre demeure. Papageno t'accompagnera et partagera tes dangers. (Papageno fait signe que non et s'efforce en vain de parler.) Mais pour délivrer Pamina, pour pénétrer avant demain dans le temple d'Isis, pour triompher des obstacles que la reine de la nuit sèmera sous tes pas, il te faut des talismans; nous allons te les fournir.

TAMINO.

O divinités bienfaisantes.

PREMIÈRE FÉE.

Donne-nous cette flûte! (Tamino lui donne une flûte de roseau qu'il porte dans sa ceinture.)

DEUXIÈME FÉE, à Papageno.

Toi, cueille cette fleur bleue! (Papageno cueille en tremblant la fleur que lui indique la fée et la lui donne. Les fées trempent la fleur et la flûte dans une eau lumineuse qui sort d'un rocher.)

QUINTETTE.

PAPAGENO, s'avançant vers les trois fées avec désespoir.
Hum! hum! hum! hum!

TAMINO.

Pauvre garçon! quelle souffrance!
Voilà qu'il ne peut plus parler!
Je n'y puis rien; prends patience!
Il faudra bien te consoler.

LES TROIS FÉES, à Papageno.

Allons! allons! j'ai le cœur bon,
Et je t'accorde ton pardon!
De ta langue on te rend l'usage;
Mais n'en abuse plus! sois sage!

PAPAGENO.

Je ne mentirai plus! non! non!

LES TROIS FÉES.

Souviens-toi bien de la leçon!

TAMINO, PAPAGENO et LES TROIS FÉES.

ENSEMBLE.

Si tout menteur sur cette terre
Devait subir le même sort,
Chacun serait franc et sincère
Comme au beau temps de l'âge d'or.

LES TROIS FÉES, à Tamino.

Reçois nos dons! que cette flûte,
Par nous changée en talisman,
Te soit en aide dans la lutte
Que va tenter ton cœur aimant!
Par elle rien n'est impossible;
Ce charme, toujours invincible,
En vifs plaisirs change l'ennui!
C'est ton secours et ton appui!

(Elles donnent la flûte à Tamino.)

TAMINO et PAPAGENO.

ENSEMBLE.

O flûte magique
Aux accents joyeux et doux,
Par ton pouvoir fantastique,
Plus d'obstacles devant nous!

PAPAGENO.

De votre munificence
A mon tour n'aurai-je rien?

LES TROIS FÉES.

Si vraiment! prends patience! —
Au château du Nubien
L'un et l'autre il faut vous rendre,
Et chercher à le surprendre.

ACTE PREMIER

PAPAGENO.

Grand merci, vraiment, pour moi !
Vous n'ignorez pas, je crois,
Qu'il est d'humeur très-féroce ;
Beau plaisir, sur mon honneur,
D'aller chercher plaie ou bosse !
Je n'en suis pas ; serviteur !

LES TROIS FÉES.

A nous tu peux te confier !

(Montrant Tamino.)

Tu dois lui servir d'écuyer.

PAPAGENO.

N'y comptez pas !... mauvaise place
Quand on tient à ses jours !
En cas d'attaque ou de disgrâce
D'où viendra le secours !

LES FÉES, lui présentant la fleur changée en clochette.

Ce bijou doit t'appartenir !

PAPAGENO.

A quoi cela peut-il servir?

LES FÉES.

Regarde ! c'est une clochette !

PAPAGENO, prenant la clochette.

En agitant cette sonnette...

LES FÉES.

De tout danger tu peux sortir !...
La clochette et la flûte
Vous protégent dans la lutte !
Vous serez victorieux !
Adieu donc ! partez tous deux !

TAMINO.

Mais du château que votre main
Nous montre vite le chemin !

LES FÉES.

Trois guides à l'air noble et sage
Vous conduiront dans ce voyage ;
A leurs conseils, pour réussir,
Toujours vous devez obéir.

ENSEMBLE.

Allons ! adieu ! {partez / partons} {tous deux !

Puisse le ciel combler {vos / nos} vœux !

(Les fées indiquent le chemin à Tamino et à Papageno qui s'éloignent et disparaissent. La toile tombe.)

ACTE DEUXIÈME

DEUXIÈME TABLEAU

Le harem de Monostatos. — Vaste serre fermée par des grilles d'or. — Hamacs suspendus, palmiers, lotus, etc.

SCÈNE PREMIÈRE

BAMBOLODA, PAPAGENA.

BAMBOLODA, amenant Papagena.

Enfin ! je te retrouve, malheureuse enfant ! parle ! que t'est-il donc arrivé ?...

PAPAGENA.

Ce qui m'est arrivé ?

BAMBOLODA.

Oui ! pourquoi marchais-tu le nez au vent ? pourquoi regardais-tu ce palais comme si tu ne l'avais jamais vu ? pourquoi refusais-tu de me suivre ?

PAPAGENA.

Est-ce que je vous connais, moi ?

BAMBOLODA.

Tu ne me connais pas ! moi, Bamboloda, ton adorateur fidèle, à qui ta négligence va peut-être coûter la vie !

PAPAGENA.

Quelle négligence ?

BAMBOLODA.

N'es-tu pas sortie ce matin par ordre de notre maître pour chercher des fleurs ?

PAPAGENA.

Quelles fleurs ? quel maître ? quelle histoire me contez-vous là ?

BAMBOLODA.

Oui! tu prends bien ton temps pour te moquer de moi!... Sais-tu que, ne te voyant pas revenir j'ai voulu courir à ta rencontre, et que dans ma précipitation j'ai oublié de fermer la porte du jardin, et que l'intendant des cuisines, qui avait besoin de moi, m'a suivi dans la campagne, sans fermer la porte de la cour, et que l'intendant du harem qui le cherchait a couru après lui sans fermer la porte du château, et que les autres intendants, entraînés par l'exemple, se sont sauvés sans rien fermer non plus, et que Pamina, la nouvelle esclave du maître, trouvant toutes les portes ouvertes, a pris la fuite à travers champs, et qu'on est à sa poursuite, et que si on ne la retrouve pas, tu coûteras la tête à une demi-douzaine d'intendants?... le sais-tu? dis! le sais-tu?

PAPAGENA.

Moi! je ne sais rien!... et je ne connais pas plus votre Pamina que vos intendants!

BAMBOLODA, à part.

Le soleil lui aurait-il troublé le cerveau?

PAPAGENA.

Vous dites?

BAMBOLODA.

Tais-toi! voici le maître!

PAPAGENA, à part.

Oh! l'affreuse tête!...

SCÈNE II

Les Mêmes, MONOSTATOS, Esclaves.

MONOSTATOS.

Eh bien! a-t-on retrouvé Pamina?

BAMBOLODA, d'un air gracieux.

On est sur ses traces, seigneur! bientôt, je l'espère, l'oiseau envolé rentrera dans sa cage.

MONOSTATOS.

Je le souhaite pour toi! car je suis bon et je ne voudrais pas être forcé de te clouer comme un hibou à la porte de mon harem.

BAMBOLODA, à part.

Aïe!...

MONOSTATOS.

Va! et tâche de nous rapporter de bonnes nouvelles! (Bamboloda sort en courant. Monostatos aperçoit Papagena.) Ah! te voilà, toi!... d'où viens-tu?... tu es complice de l'évasion de mon esclave, sans doute! voyons! dis-moi tout! et n'essaye pas de me tromper! tu me connais!

PAPAGENA.

Il me semble bien en effet vous avoir vu quelque part, mais...

MONOSTATOS.

Hein? es-tu folle, ou veux-tu le paraître?... que t'avais-je ordonné?

PAPAGENA.

A moi?...

MONOSTATOS.

Oui à toi!... ces fleurs... ces fleurs qui devaient me faire aimer...

PAPAGENA.

Et de qui, grand Dieu!

MONOSTATOS.

Ah! ne te joue pas de moi!

PAPAGENA.

Hélas! seigneur, je ne songe pas à me jouer de vous et je voudrais bien vous contenter; mais, en vérité, je ne me souviens pas que vous m'ayez rien ordonné...

MONOSTATOS.

C'est bien! si tu as perdu la mémoire, j'ai à mes ordres d'habiles gens qui trouveront peut-être quelque moyen de te la rendre!

BAMBOLODA, accourant.

Seigneur! voici Pamina!

MONOSTATOS.

Enfin!... (Montrant Papagena.) Surveille cette fille et empêche qu'elle n'ait aucune communication avec Pamina!

BAMBOLODA.

Soyez tranquille!... on ne m'y prend pas deux fois! (Prenant Papagena par le bras.) Viens! serpent!

PAPAGENA, en pleurant.

Serpent!... (Bamboloda entraîne Papagena; au même instant Pamina entre en scène, amenée par des esclaves.)

SCÈNE III

MONOSTATOS, PAMINA, Esclaves.

MONOSTATOS.

Cette fois, ma belle, je te tiens !...

PAMINA.

Ah ! tuez-moi, plutôt que de me rendre à ce monstre !...

MONOSTATOS.

Qu'on ferme toutes les portes, toutes les grilles ! Va ! va ! nulle puissance humaine ne saurait t'arracher à moi !

PAMINA.

Dieux justes !...

DUETTO ET SCÈNE.

MONOSTATOS.

Tendre colombe, rentre en cage !

PAMINA.

Ah ! quel martyre ! ah ! quel outrage !

MONOSTATOS.

Tout à ma voix doit obéir !

PAMINA.

Je brave ta vengeance ! —
Toi dont j'attends ma délivrance,
Ah ! viens enfin me secourir !

MONOSTATOS.

Esclaves ! qu'on l'enchaîne ! —

(Les esclaves lient les mains de Pamina avec une chaîne d'or enrichie de pierreries.)

PAMINA.

Va ! je brave ta haine,
Et crains la mort bien moins que toi !

MONOSTATOS, aux esclaves.

Allons ! partez ! esclaves ! laissez-moi !

(Les esclaves sortent ; Monostatos les suit pour fermer avec soin les grilles du fond.)

SCÈNE IV

MONOSTATOS, PAMINA, PAPAGENO.

(Papageno paraît derrière la grille de la fenêtre de droite.)

PAPAGENO.

Où suis-je ici ? — Comment l'apprendre ?

Ah! ah! voici du monde! — Entrons,
Et sans façons!

(La grille de la fenêtre tourne sur elle-même avec Papageno, qui se trouve ainsi dans l'intérieur ; il aperçoit Pamina.)

C'est une belle enfant au regard doux et tendre.

(Monostatos revient et aperçoit Papageno sans comprendre par où il a pu entrer. Tous deux ont peur l'un de l'autre.)

PAPAGENO et MONOSTATOS.

ENSEMBLE.

C'est un démon qu'ici je vois!...
De grâce!... épargne-moi!

(Monostatos se sauve.)

SCÈNE V

PAPAGENO, PAMINA.

PAPAGENO.

Comment!... il se sauve!... c'est moi qui lui fais peur!... Serais-je brave? — Mais non!... c'est ma clochette qui est brave.

PAMINA.

Qui es-tu, toi qui oses pénétrer ainsi dans la demeure de Monostatos?

PAPAGENO.

Monostatos!... c'est lui peut-être que je viens de mettre en fuite?

PAMINA.

Lui-même.

PAPAGENO.

Il n'est pas beau!... Mais pardon! je blesse peut-être des sentiments...

PAMINA.

Et quels sentiments veux-tu qu'il inspire, sinon la haine et l'horreur?

PAPAGENO.

A merveille! je sais maintenant à qui je parle; n'êtes-vous pas Pamina?

PAMINA.

Qui t'a dit mon nom?

ACTE DEUXIÈME

PAPAGENO.

Un jeune pêcheur de vos amis à qui le hasard a appris votre esclavage, et qui a juré de vous délivrer.

PAMINA.

Tamino!...

PAPAGENO.

Vous l'avez nommé.

PAMINA.

Ah!... mon cœur ne me trompait pas!

PAPAGENO, la soutenant.

Eh bien, qu'avez-vous?... Elle se trouve mal! Rassurez-vous, jeune fille! j'ai là de quoi tenir à distance tous les Monostatos du monde... Vous n'avez plus rien à craindre.

PAMINA.

Ah! ce n'est pas la crainte qui brise mes forces! c'est la joie, c'est le bonheur! et cependant je n'attendais pas moins du ciel! Quand tout à l'heure on me ramenait dans cette odieuse prison, une abeille bourdonnait à mon oreille; j'écoutais et il me semblait entendre des paroles distinctes : « Courage! me disait-elle! Tamino est près de toi; bientôt il brisera tes chaînes! » — Et moi, confiante dans cette promesse mystérieuse, j'espérais, j'attendais! car j'ai foi en lui. Mais où est-il? pourquoi ne t'a-t-il pas accompagné?

PAPAGENO.

Nous nous sommes séparés pour faire le tour du palais; Bientôt il repassera devant ces grilles et vous le verrez pénétrer ici aussi facilement que je l'ai fait moi-même.

PAMINA.

O bonheur! cher Tamino, je vais donc te revoir!

DUETTO.

PAMINA.

Ton cœur m'attend! le mien t'appelle!
Je n'aimerai jamais que toi!

PAPAGENO.

De votre amant le cœur fidèle
Toujours vous gardera sa foi!

ENSEMBLE.

L'amour à tous se fait connaître;
Partout il sait dicter ses lois!
De nos destins il est le maître!
Qui peut rester sourd à sa voix?

Heureux amants! heureux époux!
C'est le bonheur qui s'offre à vous!
Fut-il jamais un sort plus doux?
Les dieux mêmes seraient jaloux
De l'amour de deux époux!

PAMINA.

Mais il tarde bien à venir... quelque nouvel obstacle l'aurait-il arrêté?

PAPAGENO.

Il est vrai que son absence m'étonne.

PAMINA.

Ah! s'il court un danger, je veux le partager avec lui!

PAPAGENO.

Permettez!

PAMINA.

Hésiterais-tu?...

PAPAGENO, à part.

Au fait, j'oublie toujours que j'ai là une clochette qui a du courage pour deux. (Haut.) Allons! Dans un instant vous aurez rejoint celui qui vous adore, et fasse le ciel que je retrouve moi-même une gentille compagne que je veux adorer à mon tour!

PAMINA.

Viens! (Papageno agite sa clochette; les grilles du fond s'élargissent et ouvrent un passage aux fugitifs. — La décoration change à vue.)

TROISIÈME TABLEAU

Une avenue bordée de sphynx.

SCÈNE PREMIÈRE

LES TROIS FÉES.

PREMIÈRE FÉE.

Eh bien! quelles nouvelles?...

ACTE DEUXIÈME

DEUXIÈME FÉE.

Aucune. — Ce jeune homme m'avait paru aimable, j'en conviens ; mais ce n'était que le caprice d'un moment, et je n'y songe déjà plus.

TROISIÈME FÉE.

Est-ce à des fées comme nous de poursuivre une pareille aventure ?

PREMIÈRE FÉE.

Ah !... il était convenu cependant que nous n'aurions aucun secret l'une pour l'autre.

DEUXIÈME FÉE.

Que veux-tu dire ?...

PREMIÈRE FÉE.

Je veux dire qu'à peine Tamino parti, il m'avait bien semblé te voir courir sur sa trace.... Sois franche ! ne lui as-tu pas offert, après une causerie pleine de charme, d'accomplir à l'instant même un de ses souhaits ? Et lui, dans sa naïveté, ne t'a-t-il pas répondu : Faites que cette abeille qui voltige autour de nous aille consoler Pamina ?...

DEUXIÈME FÉE, souriant.

Je vois bien qu'on ne peut rien te cacher... Après tout, mon aventure ressemble assez à la tienne. N'est-ce pas toi qui, au moment où Tamino tournait le palais de Monostatos, lui as si à propos tendu la main droite pour le retenir au bord d'un précipice où ta main gauche l'avait si adroitement poussé ? Et au lieu d'embrasser cette main charmante, qui, je ne sais comment, se trouvait près de ses lèvres, ne s'est-il pas contenté de te dire : Merci à vous qui avez conservé mes jours pour Pamina ?

PREMIÈRE FÉE.

Ah ! tu m'épiais aussi ?

TROISIÈME FÉE.

Puisque nous en sommes aux confidences, je dois vous avouer que ma fortune n'a pas été meilleure que la vôtre... L'eau que j'ai fait jaillir d'un rocher pour étancher sa soif, ne m'a valu, comme à vous, qu'un maigre remercîment, toujours au nom de sa Pamina.

DEUXIÈME FÉE.

Cette Pamina est donc bien charmante, qu'aucune de nous n'ait pu la lui faire oublier un moment.

PREMIÈRE FÉE.

Ah ! notre reine a été plus heureuse !

DEUXIÈME FÉE.

Tu veux dire plus coquette; car, en bonne conscience, qu'a-t-elle de plus que nous pour être aimée?

TROISIÈME FÉE.

Et nous ne nous vengerons pas des mépris de cet impertinent?...

DEUXIÈME FÉE.

J'avoue qu'il y aurait plaisir à lui apprendre que pour être fée, l'on n'en est pas moins femme...

PREMIÈRE FÉE.

Laissons faire la reine. Elle nous vengera sans que nous nous en mêlions.

LES DEUX AUTRES FÉES.

Comment?

PREMIÈRE FÉE.

Déjà elle a fait croire à Tamino qu'après s'être échappée du harem de Monostatos, Pamina était tombée au pouvoir du grand-prêtre d'Isis, Sarastro, qui, subitement épris de ses charmes, l'avait fait enfermer dans un endroit inaccessible du temple.

DEUXIÈME FÉE.

Et quel est le but de la reine?

PREMIÈRE FÉE.

Tu ne le devines pas? Elle veut animer le cœur de son infidèle d'une haine implacable contre celui qui peut seul le défendre de ses embûches, et elle l'éloigne en même temps de cette Pamina qu'elle a fait enlever tout exprès, pour en faire présent à son cher Monostatos.

DEUXIÈME FÉE.

Fort bien! mais Sarastro est un redoutable adversaire; les dieux le protégent, il n'aura pas de peine à déjouer ce complot, et le cher Monostatos, tout-puissant qu'il est, pourra bien payer de cent coups de bâton une protection compromettante.

PREMIÈRE FÉE.

Que nous importe? le dénoûment de l'aventure, quel qu'il soit, ne manquera pas de nous divertir.

TROISIÈME FÉE.

Et si Tamino, détrompé à temps, consent à subir les épreuves des nouveaux initiés?

PREMIÈRE FÉE.

Ne sommes-nous pas là pour le séduire et le faire manquer à ses promesses?

DEUXIÈME FÉE.

Chut! le voici, tenons-nous prêtes à agir.

ACTE DEUXIÈME

SCÈNE II

TAMINO, LES TROIS INITIÉS.

FINALE.

LES TROIS INITIÉS.

Voici le but que tu poursuis !
Sois homme ! l'épreuve commence !
Souviens-toi bien de nos avis :
Mystère, valeur et constance !

TAMINO.

Pourrai-je par votre secours
De Pamina sauver les jours ?

LES TROIS INITIÉS.

Ton seul courage est ton secours !
Mystère, valeur et constance !
Et, jeune encor, sache toujours
D'un homme montrer la vaillance !

(Les trois fées s'éloignent.)

SCÈNE III

TAMINO, seul.

Que leurs conseils, pleins de sagesse,
Soient dans mon cœur gravés sans cesse ! —
Mais quel silence solennel !
La flamme brille sur l'autel !
Et ces sphynx de granit à la face impassible
Semblent me proposer quelque énigme terrible !
Vais-je donc braver les dieux ?
Quel trouble pieux
M'arrête encore au seuil de l'édifice ?
J'hésite à pénétrer dans ces sacrés parvis !
Par ces splendeurs mes yeux sont éblouis ! —
Mais que le ravisseur périsse !
L'amour commande ! j'obéis !

(Il se dirige vers la droite.)

UNE VOIX.

Arrête !...

TAMINO.

Qu'entends-je ? — O doute...
Faut-il changer de route ?

(Il se dirige vers la gauche.)

LA VOIX.

Arrête !...

TAMINO.
Encor la même voix !
Qui donc ici m'écoute ?
Quel pouvoir me dicte des lois ?

(Un prêtre paraît. A son aspect Tamino s'arrête.)

SCÈNE IV

TAMINO, UN PRÊTRE.

Que viens-tu, téméraire,
Chercher au sanctuaire ?
TAMINO.
J'y cherche le prix de l'amour !
LE PRÊTRE.
Il faut me parler sans détour ;
Car dans ton cœur j'ai lu d'avance ;
Ce qui t'amène en ce séjour,
C'est le désir de la vengeance !
TAMINO.
Je poursuis un traître odieux !
LE PRÊTRE.
Parmi nous il n'est pas de traître !
TAMINO.
Sarastro n'est-il pas ton maître ?
LE PRÊTRE.
Oui, lui seul commande en ces lieux !
TAMINO.
Lui ! dans un temple saint ! l'impie !
LE PRÊTRE.
Ce temple auguste, le voilà !
TAMINO.
J'y punirai la perfidie !
LE PRÊTRE.
Le crime n'est pas là !
TAMINO.
Un Dieu conduit mes pas ! rien ne me retiendra !
LE PRÊTRE.
Eh quoi ! ne crains-tu pas qu'une erreur ne t'abuse ?
TAMINO.
Où règne Sarastro tout est mensonge et ruse !
LE PRÊTRE.
A cette folle ardeur garde-toi d'obéir !
Tu hais donc Sarastro ?

ACTE DEUXIÈME

TAMINO.
D'une haine implacable!
LE PRÊTRE.
Quel motif te fait le haïr?
TAMINO.
C'est un tyran! un misérable!
LE PRÊTRE.
En es-tu sûr pour le flétrir?
TAMINO.
Oui, pour le malheur d'une femme
Qui succombe à son désespoir!
LE PRÊTRE.
Quand l'amour a troublé notre âme,
La raison même est sans pouvoir!
Ton jeune cœur ainsi s'enflamme;
Si, comme moi, tu pénétrais
De Sarastro tous les secrets...
TAMINO.
Ah! je connais trop ses projets!
C'est lui dont le pouvoir suprême
Me veut ravir celle que j'aime!
LE PRÊTRE.
Mon maître ne trompe jamais!
TAMINO.
Vit-elle? fut-elle victime
De quelque abominable crime?
LE PRÊTRE.
Je ne puis rien te révéler!
Il m'est défendu de parler!
TAMINO.
Vois ma douleur! qu'un mot m'éclaire!
LE PRÊTRE.
Par un serment je suis lié!
TAMINO.
Quand donc cessera le mystère?
LE PRÊTRE.
Lorsque ton cœur purifié
Sera par nous initié!

(Il s'éloigne et disparaît.)

SCÈNE V

TAMINO seul, puis DES NYMPHES et LES TROIS FÉES.

C'est trop durer, ombre éternelle!
Quand la lumière viendra-t-elle?

UNE VOIX.
Bientôt ou jamais !

TAMINO.
Bientôt, dites-vous, ou jamais !
Daignez adoucir mes regrets !
Ma Pamina vit-elle ?

LA VOIX.
Pamina
Est vivante !...

TAMINO.
Vivante ! ah ! le bonheur est là !
Si de celle que j'ai perdue
Ma voix pouvait être entendue !
Si de ce talisman vainqueur
Les sons allaient jusqu'à son cœur !

(Il joue de la flûte ; de tous côtés surgissent de gracieuses apparitions ; des nymphes écoutent avec curiosité et se groupent autour de Tamino.)

Que de beautés suivent mes pas !
Tout cède à mon empire !
Ce doux charme commande, attire !
Mais Pamina ne l'entend pas !
J'appelle en vain !
Rien ne m'indique le chemin !

(Les nymphes cherchent à l'attirer ; il semble chercher Pamina parmi elles et les repousse ; les fées paraissent au fond, l'une d'elles joue de la flûte.)

Ah !... c'est Papageno sans doute !
Peut-être a-t-il vu Pamina !
Peut-être il me l'amènera !
Cherchons !... j'écoute !...
Pour le rejoindre en route
Le son me guidera !

(Il s'élance du côté où il a entendu le son de la flûte ; les fées se réjouissent entre elles de l'avoir trompé et s'éloignent.)

PREMIÈRE FÉE.
Maintenant cours après Pamina, chaque pas que tu fais va t'éloigner d'elle !

SCÈNE VI

PAPAGENO, PAMINA.

(Ils entrent du côté opposé à celui par lequel Tamino est sorti.)

PAPAGENO.
Du mystère ! courons vite !
Le salut est dans la fuite !
Tamino, si tu n'accours,
Ah ! je tremble pour nos jours !

ACTE DEUXIÈME

PAMINA.

Je t'appelle!...

PAPAGENO.

Du silence!
Ce moyen vaut mieux je pense!

(Il joue de la flûte ; la flûte de Tamino lui répond.)

C'est bien lui! douce espérance!
Notre appel est entendu.
Et sa flûte a répondu!
Un heureux sort nous le montre,
Courons vite à sa rencontre!

(Au moment où Papageno va s'éloigner avec Pamina, Monostatos entre en scène suivi de ses esclaves.)

SCÈNE VII

PAPAGENO, PAMINA, MONOSTATOS, Esclaves.

MONOSTATOS.

Vite! alerte! qu'on les prenne!
Je vous tiens, mes chérubins!
Vraiment ce n'est pas sans peine,
Esclaves! qu'on les entraîne,
Et vous, vous paîrez, ma reine,
Assez cher cette fredaine!
Vite! liez-leur les mains.

PAMINA.

Ah! notre mort est certaine!

MONOSTATOS.

Et serrez fort le lien.

PAPAGENO.

C'est fort bien.
Qui ne risque rien n'a rien...
Sauve-nous, ô ma clochette!
Tinte, tinte, et leur répète
Ta plus douce chansonnette.

(Il agite sa clochette ; Monostatos et ses esclaves commencent à danser.)

CHŒUR.

Charmante musique,
L'aimable chanson!
Quel charme magique
Produit ce doux son!

(Monostatos et ses esclaves sortent en dansant.)

PAPAGENO.

Qui toujours aurait en main
Pareille clochette,
Vivrait exempt de chagrin
Et le cœur en fête!

PAPAGENO et PAMINA.

C'est cet heureux talisman
Qui nous sauve en ce moment ;
De ce joyeux instrument
La douce influence
De l'amour vaut bien vraiment
La toute-puissance !

SCÈNE VIII

PAPAGENO, PAMINA, puis SARASTRO et LE CHŒUR DES PRÊTRES ET DU PEUPLE.

CHŒUR, au loin.

Gloire à Sarastro ! gloire et longue vie !

PAPAGENO.

Je sens de terreur mon âme saisie !

PAMINA.

Pourrai-je l'attendrir ?
S'il me condamne, il faut mourir !

PAPAGENO.

Ah ! si j'étais ramier,
Comme j'irais bien vite
Me découvrir un gîte
Dans quelque vert palmier !
Que faire en cette alerte ?

PAMINA.

Tout dire, fût-ce pour ma perte.

(La foule entre en scène.)

LE CHŒUR.

Gloire à Sarastro !
Longue vie et victoire !
Au loin que l'écho
Vole, et dise sa gloire !
Qu'il fasse connaître
Sa force en tout lieu.
Il est notre maître !
Il est notre Dieu !

(Marche, cortége. Entrée de Sarastro sous le costume de grand-prêtre d'Isis.)

PAMINA, s'inclinant devant Sarastro.

Ah ! faites-moi justice !
Prenez pitié de mon malheur.
Sur un infâme ravisseur
Que votre bras s'appesantisse,
Que Sarastro soit mon vengeur !

ACTE DEUXIÈME.

SARASTRO.

De moi ton cœur n'a rien à craindre !
Espère et cesse de te plaindre !
Ton âme est simple et sans détour.
Je sais qu'un autre a ton amour ;
On songe en vain à te contraindre ;
Ton vœu doit être respecté,
Sur toi je veillerai moi-même ;
Tu me devras ta liberté.

PAMINA.

Ah ! laissez-moi revoir encor celui que j'aime.

SARASTRO.

Tu le reverras !
C'est à son cœur, c'est à son bras
De mériter ce bien suprême !

PAMINA.

Hélas ! je l'aime !

SARASTRO.

Du temple d'Isis
Il faut sans remords et sans crainte
Franchir le seuil, pour être unis
Par une chaîne pure et sainte !...

SCÈNE IX

LES MÊMES, MONOSTATOS et SES ESCLAVES amenant TAMINO.

MONOSTATOS, montrant Pamina.

C'est mon esclave ! elle est à moi !
Qui donc fera fléchir la loi !

PAMINA, apercevant Tamino.

C'est lui !

TAMINO.

C'est elle !...

(Il s'échappe des mains des esclaves et s'élance vers Pamina.)

TAMINO et PAMINA.

ENSEMBLE.

Ah ! quel bonheur !
Est-ce une erreur !
Viens dans mes bras ! viens sur mon cœur !
Ah ! quel moment enchanteur !

LE CHOEUR.

Quelle tendresse !

MONOSTATOS.

Quelle audace !
Redoutez mon courroux !
Non ! pas de grâce !
Séparez-vous !

(Tamino serre Pamina dans ses bras. Monostatos se retourne vers Sarastro.)

La jeune fille est mon esclave !
Elle a su nous mettre en défaut.
(Montrant Papageno.)

C'est ce ravisseur qui tantôt
De Pamina guidait la fuite;
Dicté la peine qu'il mérite,
Prononce ton suprême arrêt.

SARASTRO.

Ton espérance est légitime;
Pour la vengeance tout est prêt.

MONOSTATOS.

Quel est-il donc ce juste arrêt?

SARASTRO.

Cent coups de bâton pour ton crime!

MONOSTATOS.

Eh quoi! seigneur, pour moi le châtiment!

SARASTRO.

Je suis encore trop clément.

(Sur un geste de Sarastro, les prêtres entraînent Monostatos qui se débat vainement. Tamino qui, pendant ce dialogue, a parlé bas à Pamina, s'incline humblement devant Sarastro.)

LE CHŒUR.

O sainte colère !
O juste salaire !
Dieu même t'éclaire,
Esprit tutélaire !

SARASTRO.

Qu'au temple tout s'apprête!
(Aux prêtres en leur montrant Tamino et Papageno.)
Et vous, voilez leur tête ;
Chacun devra dans un instant
Subir l'épreuve qui l'attend !

LE CHŒUR.

Pontife juste et glorieux !
Nous attendons l'arrêt des cieux !
Par tes vertus rends-nous encor
Le temps heureux de l'âge d'or!

(Les prêtres voilent la tête de Tamino et de Papageno ; celui-ci ne s'y prête qu'à contre cœur. La toile tombe.)

ACTE TROISIÈME

QUATRIÈME TABLEAU

Une salle réservée aux initiations. — Une flamme brûlant sur un autel jette une lueur douteuse.

SCÈNE PREMIÈRE

Les Prêtres, SARASTRO.

SARASTRO.

AIR.

Isis! c'est l'heure où le mystère
Devant tes yeux va s'accomplir.
A ton nom seul, déesse austère,
L'initié se sent pâlir!
Grands dieux, guidez leur âme neuve
Dans le péril de chaque épreuve!
Que nul danger n'émeuve
Leurs cœurs prêts à faiblir!

(Deux prêtres amènent Tamino et Papageno voilés. Sarastro et le chœur s'éloignent.)

SCÈNE II

TAMINO, PAPAGENO, deux Prêtres.

(Les deux prêtres ôtent leurs voiles à Tamino et à Papageno.)

TAMINO.

Où sommes-nous ?

PREMIER PRÊTRE.

Loin de tout œil profane, dans une crypte souterraine où nul bruit de la terre ne saurait troubler les initiés.

PAPAGENO.

J'ai compté trois cent soixante-douze marches.

DEUXIÈME PRÊTRE, à Tamino.

Es-tu résolu à subir toutes les épreuves ?

TAMINO.

Oui, pour mériter d'être uni à celle que j'aime, il n'est aucun péril que je ne brave avec joie.

PREMIER PRÊTRE, à Papageno.

Et toi, te sens-tu le cœur aussi ferme ?

PAPAGENO.

Permettez! Quand le seigneur Sarastro ordonna de nous voiler la tête, j'étais si troublé que je ne songeai pas d'abord à lui faire la moindre objection... mais à mesure que je descendais, les objections m'arrivaient en foule, et voilà qu'à présent je me demande s'il est bien nécessaire que je sois initié aux mystères d'Isis pour retrouver ma jolie chercheuse de fleurs, et si je ne ferais pas mieux de m'adresser tout simplement à elle pour être initié aux joies du mariage.

DEUXIÈME PRÊTRE.

Tu n'es plus libre de reculer ; tu t'es engagé dans la voie des épreuves, tu dois la parcourir jusqu'au bout.

PAPAGENO.

Alors, il était inutile de me demander mon avis.

PREMIER PRÊTRE.

Tamino, le silence est la première condition imposée à l'initié. Songe à rester maître de toi.

TAMINO.

Je me tairai.

PAPAGENO.

Nous est-il permis du moins de causer ensemble ?

DEUXIÈME PRÊTRE.

Oui, mais avec tout autre vous devez rester muets.

PAPAGENO.

Même avec les femmes ?

DEUXIÈME PRÊTRE.

Surtout avec les femmes...

PREMIER PRÊTRE.

Vous le jurez ?

TAMINO.

Je le jure.

DEUXIÈME PRÊTRE, à Papageno.

Et toi ?

PAPAGENO.

Il faut bien que je le jure aussi, mais je ne réponds de rien.

PREMIER PRÊTRE.

Quand même celles qui vous sont chères imploreraient de vous une parole, il faudra garder le silence, jusqu'à ce qu'Isis vous relève de votre serment.

TAMINO.

C'est bien !

PAPAGENO.

Belle occasion pour nos maîtresses de nous tromper, sans que nous ayons rien à dire.

LES DEUX PRÊTRES.

DUETTO.

> Un cœur prudent doit se défendre
> Contre l'ardeur des passions,
> Et plus d'un sage s'y fit prendre,
> Qui pleure ses illusions!
> Quand par malheur une âme tendre
> Se laisse tromper en amour,
> Que faire? On n'a plus qu'à se pendre,
> Ou bien à tromper à son tour.

(Les deux prêtres se retirent.)

SCÈNE III

TAMINO, PAPAGENO.

PAPAGENO.

Il paraît que ces graves personnages ont dans l'occasion une morale assez gaillarde... qu'en dites-vous ?... Plaît-il ? Êtes-vous déjà muet, et ne vous souvient-il plus qu'il nous est permis de deviser ensemble ?... Pour moi, je vous avoue que je mourrais de peur si je n'avais quelqu'un à qui parler dans le silence de cette galerie souterraine... Croyez-vous que nous y soyons en sûreté, au moins ?

TAMINO.

Que m'importe ? Ce n'est pas pour moi que je tremble, mais pour Pamina.

PAPAGENO.

N'est-elle pas sous la garde du seigneur Sarastro ?

TAMINO.

Et qui m'assure que Sarastro lui-même ne sera pas impuissant à la défendre? Le plus sage est de ne compter que sur notre courage et sur la protection de la bonne déesse.

PAPAGENO.

La bonne déesse, je le veux bien ; mais pour notre courage, j'avoue que je ne me sens pas tout à fait aussi vaillant que vous, et que sans nos talismans... (Cherchant sa clochette.) Eh bien! qu'est devenue ma clochette? Miséricorde! j'ai perdu ma clochette!... Et la flûte?... Avez-vous la flûte, au moins?

TAMINO, regardant à sa ceinture.

Non! Voilà qui est étrange.

PAPAGENO.

On aura profité de ce que nous avions un voile sur la tête pour nous dépouiller!... mais qui cela? qui cela? Ah! si je tenais les voleurs!...

SCÈNE IV

Les Mêmes, les trois Fées.

(Les trois fées paraissent subitement auprès d'eux.)

PREMIÈRE FÉE, à Papageno.

Plus bas, malheureux! si tu tiens à ta vie!

PAPAGENO, effrayé.

Hein?

TAMINO, à Papageno.

Silence! Songe à ce que nous avons juré!

PAPAGENO.

Mais... (Il continue à parler bas à Tamino.)

DEUXIÈME FÉE, bas à la première fée.

Courage! nous n'aurons pas de peine à leur faire oublier leur serment.

PREMIÈRE FÉE, à Tamino.

Nous ne pouvons remplacer ici les talismans que votre imprudence vous a fait perdre, mais peut-être pourrons-nous vous soustraire aux ennemis invisibles qui vous guettent dans ces souterrains.

PAPAGENO.

Si...

TAMINO.

Encore!...

DEUXIÈME FÉE, à Tamino.

Eh quoi! te défies-tu de nous, qui t'avons déjà sauvé?...

PAPAGENO.

Au fait!... (Nouveau signe de Tamino.) C'est à vous que je parle! c'est à vous que je parle!... et s'il est vrai...

TAMINO.

Non!...

ACTE TROISIÈME

TROISIÈME FÉE.
Vous courez à votre perte.

DEUXIÈME FÉE.
Sarastro vous trompe !...

PREMIÈRE FÉE.
Peut-être est-il déjà trop tard pour fuir !...

QUINTETTE.

LES TROIS FÉES.
Nul secours
Ne pourrait sauver vos jours !
Tous les deux
Vous bravez un sort affreux !
Tamino, la mort te menace !
Pour Papageno pas de grâce !

PAPAGENO.
Serais-je en danger vraiment ?

TAMINO.
Songe donc à ton serment !
Nous avons juré naguère
Près des femmes de nous taire !

PAPAGENO.
Mais on nous parle d'un danger !

TAMINO.
A te taire il faut songer !

PAPAGENO.
Oui, se taire, et puis se taire,
C'est toujours la même affaire.

LES FÉES.
Notre maîtresse est près de vous !
Ne bravez pas son cœur jaloux !

PAPAGENO.
Eh quoi ! faut-il encor trembler ?

TAMINO.
Quelle rage de parler !
Veux-tu donc de ta promesse
Te jouer ainsi sans cesse ?

LES FÉES.
Cher Tamino, ta mort s'apprête !
Puisse le ciel veiller sur toi !
Songe au danger qui sur ta tête
Plane et nous fait frémir d'effroi !

TAMINO, à Papageno.
Vaines terreurs ! vaines alarmes !
Le jour brille, elle est sans armes !

LES FÉES.

De ces lieux jamais on ne sort,
Et l'on y doit trouver la mort !

PAPAGENO.

Si pareil sort nous menace,
Sans tarder quittons ces lieux!
Fuyons de grâce,
Tous les deux !

TAMINO.

Que la paix rentre dans ton âme!
Aucun danger ne nous poursuit.

PAPAGENO.

Mais si la reine de la nuit...

TAMINO.

Elle n'est ici qu'une femme.
Allons ! mon cher, rassure-toi,
Ne tremble pas, compte sur moi !

LES FÉES, à Tamino.

Pourquoi garder ce front sévère ?
(A Papageno.)
Comme lui dois-tu donc te taire?

PAPAGENO.

Ah! que ne puis-je!... mais...

TAMINO.

Eh quoi !

PAPAGENO.

Hélas! fatal serment!

TAMINO.

Tais-toi !
Il faut cesser ce bavardage,
Ou bien tous deux nous nous perdons!

LES FÉES.

Tous deux ils sont muets, je gage.
Adieu, seigneurs, nous vous quittons!

ENSEMBLE.

Savoir se taire est un grand art!
Qui parle s'en repent plus tard.

CHŒUR, au dehors.

On a profané le mystère !
D'Isis redoutez la colère!
(Bruit de tonnerre.)

LES FÉES.

Hélas! hélas! malheur!

PAPAGENO.

Grands dieux! je meurs de peur !

(Les fées disparaissent; Tamino et Papageno s'éloignent. La décoration change à vue.)

ACTE TROISIÈME

CINQUIÈME TABLEAU

Un jardin. — A gauche, un bouquet de palmiers ; des draperies suspendues au tronc des arbres forment une espèce de tente. — A droite, un bosquet.

SCÈNE PREMIÈRE

MONOSTATOS, BAMBOLODA.

BAMBOLODA, entrant le premier avec précaution.

Personne !... vous pouvez avancer sans crainte, seigneur. Voici l'heure où les prêtres d'Isis font la sieste.

MONOSTATOS, agité.

Bien !... je me vengerai, Bamboloda !

BAMBOLODA.

Il est vrai que ces coups de bâton...

MONOSTATOS.

Silence !... Cherche dans ces jardins...

BAMBOLODA.

Les prêtres d'Isis n'ont pas la main légère.

MONOSTATOS.

Tais-toi ! et songe à découvrir la retraite de Pamina.

BAMBOLODA.

Il est fort différent de donner des coups de bâton ou d'en recevoir.

MONOSTATOS.

Partiras-tu !... (Bamboloda se sauve.)

SCÈNE II

MONOSTATOS, seul, très-agité.

Me faire bâtonner ! moi ! comme un vil esclave !... Mais patience ! j'aurai mon tour !... C'est bien ici que Pamina a trouvé un refuge... on l'a vue !... Oh ! je la découvrirai ! J'apprendrai à ce Sarastro ce que peuvent la vengeance et l'amour !... Oui, je l'aime cette orgueilleuse esclave qui me repousse, et ses mépris ont encore excité ma passion !

COUPLETS.

Sans aimer pourrait-on vivre?
L'amour commande en tout lieu;
Noir ou blanc, chacun doit suivre
Les caprices de ce dieu!
Je suis laid et je suis more,
Mais n'ai point un cœur de fer ;
Sans une âme qui m'adore
Ah! la vie est un enfer!

A tout prix il faut que j'aime;
Il faut qu'on m'aime à mon tour.
Fût-ce par un stratagème,
Je veux gagner son amour!
Vainement ce cœur de glace
M'accable de ses mépris!
Tout redouble mon audace:
Soyons heureux à tout prix!

SCÈNE III

MONOSTATOS, BAMBOLODA.

(Bamboloda rentre en scène et soulève avec précaution une des draperies de la tente ; on aperçoit Pamina endormie.)

BAMBOLODA, à demi-voix.

Seigneur! elle est là! elle dort!...

MONOSTATOS.

C'est bien! Cours prévenir nos hommes et amène-les!
(Bamboloda sort.)

SCÈNE IV

MONOSTATOS, PAMINA.

(Pendant que Monostatos remonte la scène pour voir si personne ne l'observe, Pamina s'éveille.)

PAMINA, descendant vivement.

Ah!... quel songe horrible!... Il m'a semblé que j'étais de nouveau en la puissance de ce maître détesté! Je croyais entendre sa voix menaçante!... Mais non! grâce au ciel!... ici je n'ai rien à craindre! (Elle se retourne et aperçoit Monostatos.) Dieu!

MONOSTATOS.

Pourquoi trembler, Pamina?... Ce n'est plus un maître

qui vient vers toi... c'est un amant soumis et docile qui tombe à tes pieds et qui t'adore!

PAMINA.

Laisse-moi!...

MONOSTATOS.

Oh! ne méprise pas mon amour! Il est plus ardent que le chaud soleil de Nubie, dont les rayons m'ont brûlé dès le berceau!

PAMINA.

Va-t'en, te dis-je! tu n'es fait que pour inspirer l'effroi!

MONOSTATOS, se relevant.

Ah! tu me braves!... Eh bien! oui, je partirai, mais tu me suivras! (Il veut l'entraîner.)

PAMINA.

Au secours!... à moi!... (Elle veut s'enfuir et se trouve en présence de la Reine de la nuit.)

SCÈNE V

MONOSTATOS, PAMINA, LA REINE DE LA NUIT.

PAMINA, à la Reine de la nuit.

Ah! qui que vous soyez, sauvez-moi de cet homme!

MONOSTATOS.

Tu t'adresses mal! c'est elle qui t'a livrée à moi!

PAMINA.

Elle!...

MONOSTATOS.

C'est à elle que Tamino s'est engagé par un serment terrible!...

PAMINA, avec épouvante.

Grand Dieu!... La reine de la nuit!

LA REINE DE LA NUIT.

AIR.

Oui, devant toi tu vois une rivale!
Ton amour même est un crime à mes yeux!
Et ma fureur implacable et fatale
Saura courber ton front audacieux!
 Espoir de la vengeance,
  Tu m'enivres d'avance!
  Cet amour qui m'offense
  Aura son châtiment!
Non, rien ne peut fléchir ma haine!
  Ta perte est certaine,
   J'en fais serment!

PAMINA.

Grâce !...

LA REINE DE LA NUIT.

Non !...

PAMINA.

Eh bien ! Tamino me vengera ! car tu lui fais horreur, et ton amour ne sera payé que de haine et de mépris !

LA REINE DE LA NUIT, s'avançant vers Pamina.

Insolente esclave !...

SCÈNE VI

Les Mêmes, SARASTRO.

SARASTRO.

Arrête !...

PAMINA, courant à Sarastro.

Ah ! je suis sauvée !

SARASTRO.

Ne crains rien. J'avais pénétré leurs desseins et je veillais sur toi !... Les serviteurs que cet homme avait apostés pour t'enlever ont pris la fuite, poursuivis par les miens !

MONOSTATOS, à demi-voix.

O rage !

LA REINE DE LA NUIT, à demi-voix.

Patience !

PAMINA.

Esprit des ténèbres, auteur de tous les maux qui désolent la terre, et toi son vil esclave, vous voulez en vain lutter contre l'esprit de lumière et de bonté... Que votre impuissance à faire le mal soit votre châtiment. Isis, que votre colère ne saurait atteindre, est assez grande pour dédaigner de se venger !

SARASTRO.

AIR.

La haine et la colère
N'ont jamais pénétré
Dans ce séjour prospère
Aux dieux seuls consacré.

Dans cette enceinte,
Exempts d'erreur,
L'amitié sainte
Unit nos cœurs;

Notre âme pure
Accorde ici
A toute injure
Un prompt oubli.

Le véritable sage
Est indulgent et bon ;
Il n'a pour qui l'outrage
Que douceur et pardon !

(à Pamina.)

Viens !... (Il éloigne du geste la Reine de la nuit et Monostatos, et sort avec Pamina.)

SCÈNE VII

MONOSTATOS, LA REINE DE LA NUIT.

MONOSTATOS.

Elle nous échappe !...

LA REINE DE LA NUIT.

Peut-être !

MONOSTATOS.

Bientôt Tamino aura accompli les épreuves qui lui sont imposées, bientôt il pourra pénétrer dans le temple !... Pour lui faire perdre le fruit de ses efforts, pour le séparer de ta rivale, sur qui donc comptes-tu ?

LA REINE DE LA NUIT.

Sur lui-même !

MONOSTATOS.

Oublies-tu son amour pour elle et sa haine pour toi ?

LA REINE DE LA NUIT.

Non !

MONOSTATOS.

Espères-tu te faire aimer ?

LA REINE DE LA NUIT.

Non !

MONOSTATOS.

Que veux-tu donc ?

LA REINE DE LA NUIT.

Sa mort !... (Monostatos la regarde avec surprise ; elle lui fait signe de la suivre ; ils sortent. Au même moment les trois fées sortent avec précaution de dessous la tente et les regardent s'éloigner.)

SCÈNE VIII

LES TROIS FÉES.

PREMIÈRE FÉE.

Sa mort!...

DEUXIÈME FÉE.

Hélas! aurons-nous le courage de l'abandonner à la vengeance de notre implacable maîtresse?

TROISIÈME FÉE.

Que gagnerons-nous à le laisser mourir?

PREMIÈRE FÉE.

J'avoue que je voulais bien aider la reine à le séparer de Pamina, mais je ne prévoyais pas que son amour dût si tôt se changer en haine!

DEUXIÈME FÉE.

Eh bien, nous ferons-nous ses complices? Ne l'empêcherons-nous pas d'accomplir son crime?

TROISIÈME FÉE.

Je sens que la pitié me gagne!

PREMIÈRE FÉE, souriant.

Allons! je vois bien que nous pardonnerons toutes les trois à Tamino ses impertinences...

DEUXIÈME FÉE.

Commençons par lui rendre les talismans que nous lui avons ravis!... Voici justement qu'on l'amène avec son compagnon.

PREMIÈRE FÉE.

Hâtons-nous!... (Elles se retirent toutes les trois sous la tente.)

SCÈNE IX

TAMINO, PAPAGENO, LES DEUX PRÊTRES.

PREMIER PRÊTRE.

Attendez ici les ordres du grand-prêtre...

PAPAGENO.

Ah! l'on respire, au moins!

DEUXIÈME PRÊTRE.

Silence!

PAPAGENO.

Comment! encore?

ACTE TROISIÈME

PREMIER PRÊTRE.

Le grand-prêtre a seul le droit de terminer l'épreuve qu'il vous impose !

PAPAGENO.

Et ensuite ?

DEUXIÈME PRÊTRE.

Vous parlerez librement.

PAPAGENO, avec satisfaction.

Ah !

PREMIER PRÊTRE.

Mais des épreuves plus terribles vous sont réservées !

PAPAGENO.

Hein ?

DEUXIÈME PRÊTRE.

Préparez vos cœurs et attendez !... (Les deux prêtres s'éloignent.)

SCÈNE X

TAMINO, PAPAGENO, puis LES TROIS INITIÉS.

PAPAGENO, se rapprochant de Tamino.

Des épreuves plus terribles ! Dites-moi, ne seriez-vous pas d'avis de partir au plus vite ?

TAMINO.

Pars si tu veux, moi, je reste.

PAPAGENO.

Ah ! si nous avions du moins nos talismans. (Les trois initiés paraissent.)

PREMIER INITIÉ.

Les voici !

PAPAGENO.

Ah bah !

LES TROIS INITIÉS.

TRIO.

Rassurez votre âme inquiète !
Tous deux soyez les bienvenus !
Voici la flûte et la clochette ;
Vos talismans vous sont rendus.

Des noirs esprits bravez l'outrage !
Vous êtes conduits par les cieux !
Bientôt, grâce à votre courage
Vous reviendrez victorieux !
Va, Tamino, confiance !
Toi, Papageno, silence !

(Les trois initiés, après avoir rendu la flûte à Tamino et la clochette à Papageno, s'éloignent et disparaissent.)

SCÈNE XI

TAMINO, PAPAGENO, puis BAMBOLODA et PAPAGENA.

PAPAGENO.

Quels sont ces trois jeunes initiés ? Comment nos talismans sont-ils tombés entre leurs mains ?... Après tout, peu importe ? l'essentiel c'est qu'ils soient revenus dans les nôtres !... mais j'y pense ! pourvu qu'ils n'aient pas perdu leur pouvoir !... Il serait peut-être sage d'en faire l'épreuve, qu'en pensez-vous ?... Si nous leur demandions, par exemple, de nous amener ici votre belle et la mienne ?

TAMINO.

Garde-t'en bien !... Oublies-tu qu'il nous est interdit de leur adresser la parole ?

PAPAGENO.

C'est juste ! mais sans leur parler ne pourrions-nous les voir, rien qu'un petit moment, pour savoir seulement ce qu'elles font ?

TAMINO.

A quoi bon courir un danger inutile ?

PAPAGENO, avec dignité.

Cela suffit ! je le courrai tout seul !... O ma clochette, si tu as encore la puissance dont tu as été douée par les fées, fais-moi voir et entendre ma chère Papagena ! (Il agite sa clochette. On aperçoit Bamboloda et Papagena.) Oh !...

BAMBOLODA.

Eh bien, commences-tu à reprendre haleine ?

PAPAGENA.

Oui. Il paraît que nous avons couru ?

BAMBOLODA.

Un peu...

PAPAGENA.

Et pourquoi avons-nous couru ?

BAMBOLODA.

Parce que les gens de Sarastro nous poursuivaient.

ACTE TROISIÈME

PAPAGENA.

Ah !

BAMBOLODA.

Tu sais, Sarastro?...

PAPAGENA.

Non! (Elle cherche autour d'elle.)

BAMBOLODA.

Que cherches-tu?

PAPAGENA.

J'ai faim.

BAMBOLODA.

Veux-tu des dattes?

PAPAGENA.

Oui...

BAMBOLODA, lui donnant des dattes.

Tiens... Tu ne m'embrasses pas pour la peine !

PAPAGENA.

Oh ! non!...

PAPAGENO, sur le devant de la scène.

Ah! bien! très-bien !

BAMBOLODA.

Alors je t'embrasse, moi ! (Il l'embrasse.)

PAPAGENO.

Hein ?...

PAPAGENA.

Voulez-vous finir!... Elles sont bonnes les dattes!...

BAMBOLODA.

Charmante ! tu es charmante ! (Il embrasse de nouveau Papagena.)

PAPAGENO, furieux.

Mais défends-toi donc !

TAMINO, lui saisissant le bras.

Prends garde!

PAPAGENA.

Si vous recommencez...

BAMBOLODA, riant.

Quoi!... Ne te souvient-il plus que je suis ton amant, ton fiancé, ton époux?

PAPAGENA.

Vous?

BAMBOLODA.

Sans doute, moi ! (Il l'embrasse.)

PAPAGENA.

Oh ! alors...

PAPAGENO, s'élançant vers Papagena.

Ce n'est pas vrai ! ce n'est pas vrai ! (Bamboloda et Papagena disparaissent.)

TAMINO, riant.

Eh bien, te voilà payé de ta curiosité.

PAPAGENO.

Mais il n'est pas possible de perdre la mémoire à ce point-là ! c'est une plaisanterie !.. Ah ! maudites fées ! maudite clochette !... Oui, il vous sied bien de rire, quand il vous en arrive peut-être autant de votre côté ?

TAMINO.

Oserais-tu supposer ?...

PAPAGENO, agitant sa clochette à tour de bras.

Pamina ! s'il vous plaît, Pamina !

TAMINO.

Arrête ! (Pamina paraît.)

PAPAGENO.

C'est elle !...

TAMINO, bas à Papageno.

Qu'as-tu fait ?

SCÈNE XII

TAMINO, PAPAGENO, PAMINA.

PAMINA, s'élançant vers Tamino.

Ah ! je te revois enfin !... nous sommes réunis ! Cher Tamino ! je tremblais pour tes jours !... Eh bien, es-tu libre ? Mais quoi !... tu te tais ? tu détournes les yeux ? Qu'est-il donc arrivé ?... Pas un mot ?... (A Papageno.) Ah ! toi, du moins, tu me répondras !

PAPAGENO.

Je... (Sur un signe de Tamino il s'arrête, cueille un fruit et le mange à pleine bouche.)

PAMINA.

Tu te tais aussi ?... (A Tamino.) Quel est donc le nouveau malheur qui nous menace ? pourquoi me le cacher ?... Ne sais-tu pas que je suis prête, s'il le faut, à mourir avec toi !

ACTE TROISIÈME

PAPAGENO, à part.

Décidément je finirais par faire quelque sottise !... le plus prudent est de m'en aller ! (Il s'esquive.)

SCÈNE XIII

TAMINO, PAMINA.

PAMINA.

Ainsi, mon inquiétude, ma douleur n'ont pas le pouvoir de te faire rompre le silence?... Ah ! je devine !... cette reine de la nuit était ici !... Tu l'as vue !... tu n'as pas su résister à ses larmes ni à ses promesses !... tu me la préfères, n'est-ce pas ?... tu ne m'aimes plus !... Oui ! elle est puissante ! elle est belle !... Simple mortelle, comment pourrais-je lutter contre une divinité !...

PAMINA.

AIR :

C'en est fait ! le rêve cesse !
Ton amour s'est envolé ;
Je croyais à ta tendresse,
Et mon cœur est désolé !
Vois mes larmes ! leur langage
Est sans force contre toi !
Ton silence en vain m'outrage,
Je te garde encor ma foi !

TAMINO, à part.

Chère Pamina !...

SCÈNE XIV

Les Mêmes, SARASTRO, Les Prêtres.

SARASTRO, à Pamina.

Rassure-toi, pauvre enfant !... Tu peux lui parler, Tamino, et lui dire que mes ordres le condamnaient au silence, et que tu n'as pas cessé de l'aimer !

PAMINA, tombant dans les bras de Tamino.

O bonheur !

SARASTRO.

Hâte-toi !... le jour baisse ; les ennemis te guettent au passage, et pour arriver au temple, il te reste encore à traverser le bois sacré qui en est la dernière enceinte.

PAMINA.

Hélas ! me séparer de lui quand de nouveaux dangers le menacent !

SARASTRO.

Il le faut.

TRIO ET CHŒUR.

PAMINA.
Quoi! c'en est fait! tu pars déjà!

TAMINO.
Le sort plus tard nous unira.

PAMINA.
L'effroi me saisit et me glace!

SARASTRO.
Le ciel protége son audace.

PAMINA.
Ah! c'est la mort qui te menace,
Mon cœur, hélas! me le prédit!

TAMINO.
Je saurai voir la mort en face;
Quand le ciel parle, on obéit.

PAMINA.
Si tu m'aimais comme je t'aime,
Tu n'irais pas risquer tes jours!

TAMINO.
Ah! notre douleur est la même!
A toi mon cœur, et pour toujours!

SARASTRO.
Dans le danger son amour même
Doit à son bras porter secours.
Il faut partir, car voici l'heure!

TAMINO.
Hélas! en la quittant, je pleure!

PAMINA.
Hélas! veux-tu donc que je meure?

SARASTRO.
Le ciel l'ordonne; il faut partir!

TAMINO.
O Pamina! je dois te fuir!

PAMINA.
Eh quoi! déjà faut-il partir?

ENSEMBLE.
Il faut partir!

(Sarastro entraine Pamina. Deux prêtres entrainent Tamino.)

CHŒUR DES PRÊTRES.

Noble Isis!
Grand Osiris!
Jour prospère!
Déjà la nuit enveloppe la terre;
Bientôt instruit dans notre saint mystère,
Va parmi nous venir un nouveau frère;
Par ce lien tout fraternel,
Que son bonheur soit éternel!

(La toile tombe.)

ACTE QUATRIÈME

SIXIÈME TABLEAU

Le bois sacré. — Il fait nuit.

SCÈNE PREMIÈRE

PAPAGENO seul; il tient une lanterne à la main.

Hélas! je ne peux plus me le dissimuler, je suis amoureux... amoureux pour'tout de bon!... Ah! que la vie est triste quand on est seul!

AIR.

  La vie est un voyage
  Qu'on ne fait bien qu'à deux;
  Femme jolie et sage
  Comblerait tous mes vœux.

Si l'on m'aimait, tout me fait croire
Que je pourrais manger et boire
D'un meilleur appétit, ma foi!
Je serais plus heureux qu'un roi!

Je cherche une femme gentille;
Hélas! si quelque jeune fille
Ne me rend l'appétit enfin,
Je n'ai plus qu'à mourir de faim!

  La vie est un voyage
  Qu'on ne fait bien qu'à deux;
  Femme jolie et sage
  Comblerait tous mes vœux.

J'ai beau m'étourdir, cette Papagena me trotte dans la tête... et la fâcheuse vision de tantôt n'a fait que me rendre jaloux sans me rendre moins amoureux... Si du moins j'avais là mon compagnon pour me donner la réplique, je ne me laisserais pas aller à la mélancolie; mais ces deux prêtres nous ont séparés, et voilà de mortelles heures que j'erre tout seul... D'où vient que leurs paroles me reviennent sans cesse à l'esprit... Quand on est trompé en amour, ont-ils dit, on n'a plus qu'à se pendre ou bien à tromper à son tour!... Se pendre! s'attacher une corde autour du cou!... Est-ce que j'aurais sérieusement envie de me pendre?... Quand une fois une idée saugrenue vous entre dans le cerveau, on ne s'imagine pas comme il est malaisé de l'en chasser... O Papagena! Papagena!...

SCÈNE II

PAPAGENO, PAPAGENA.

PAPAGENA, accourant.

Qui m'appelle?

PAPAGENO, se retournant.

Ah! te voilà! tu m'as donc aperçu, et tu t'es empressée de venir retrouver ici ton petit Papageno?

PAPAGENA.

Vous dites?

PAPAGENO.

Ton petit Papageno!... Ah! oui! toujours cette maudite mémoire!... Plût au ciel que j'eusse perdu la mienne!... je ne me souviendrais pas...

PAPAGENA.

De quoi?

PAPAGENO.

Voyez cet air d'innocence, après ce que j'ai vu!... Réponds, malheureuse!...

PAPAGENA, effrayée.

Malheureuse!...

PAPAGENO, à part.

Au fait, de quel droit prendrais-je des airs de mari jaloux?... Cela n'avancera pas mes affaires... Une idée!... Si avec ma clochette je pouvais réveiller ses souvenirs, tout doucement, l'un après l'autre!... Voyons donc! voyons donc!

PAPAGENA.

Comme vous me regardez!

PAPAGENO.

Écoute!... il faut tout me dire, vois-tu! parce que... parce que j'ai des raisons très-sérieuses!... tâche de te souvenir...

PAPAGENA.

Oui.

PAPAGENO.

Après ta fuite... à propos de je ne sais quoi... et avec je ne sais qui... (Il fait tinter légèrement la clochette.)

PAPAGENA.

Ah! oui, les gens de Sarastro nous poursuivaient... je m'étais enfuie à travers champs avec Bamboloda.

PAPAGENO.

Ah!... Bamboloda!... (A part.) Le charme opère. (Haut.) Et après?

PAPAGENA.

Après?... je ne sais pas!...

PAPAGENO.

Est-ce que tu ne t'es pas assise avec lui au pied d'un arbre?... est-ce qu'il ne t'a pas offert des dattes?... (Nouveau coup de sonnette.)

PAPAGENA.

En effet... je me souviens!...

PAPAGENO, à part.

Bon!... (Haut.) Et ensuite, ne t'a-t-il pas embrassée... une fois? (Coup de sonnette.)

PAPAGENA.

Oui.

PAPAGENO.

Deux fois? (Coup de sonnette.)

PAPAGENA.

Oui.

PAPAGENO.

Trois fois? (Coup de sonnette.)

PAPAGENA, commençant à s'effrayer.

Oui.

PAPAGENO, à part.

Cela brûle! je ferais peut-être bien de m'arrêter là... Ah! ma foi, tant pis!... (Haut, en interrompant sa phrase à chaque mot par des coups de sonnette.) Et comme tu te défendais, ne t'a-t-il pas dit qu'il était ton amant, ton fiancé, ton époux?...

PAPAGENA, dont le trouble va croissant.

Oui!... oui!...

PAPAGENO, faisant tinter sa clochette avec une ardeur fébrile.

Et toi, lui ayant répondu, dans ta naïveté: Oh! alors!...

PAPAGENA, poussant un cri.

Ah!...

PAPAGENO.

Quoi ?...

PAPAGENA, se remettant.

Rien !...

PAPAGENO.

Tu ne te souviens pas ?...

PAPAGENA.

Si fait ! si fait !...

PAPAGENO.

Eh bien ?...

PAPAGENA.

Eh bien... j'ai accepté les dattes ; les gens de Sarastro sont survenus ; Bamboloda s'est sauvé de son côté, je me suis sauvée du mien, et... et me voilà !... Mais... à quel propos toutes ces questions, je vous prie ? De quel droit m'interrogez-vous ?... Que vous ai-je promis ?... vous ne m'aviez pas déplu, je l'avoue, et j'étais disposée à vous aimer ; mais la jalousie n'est pas de mon goût, je vous en préviens ; la vôtre est d'une impertinence que rien n'égale, et... je ne vous reverrai de ma vie !... (Elle se sauve et disparaît.)

SCÈNE III

PAPAGENO, puis LES TROIS INITIÉS.

PAPAGENO.

Elle me querelle ! donc elle a tort !... Eh bien, me voilà content !... Ah ! je vois bien que la confiance est encore le meilleur des talismans !... Allons ! allons ! mon pauvre Papageno, je crois que tu feras bien de rester garçon !... Mon Dieu ! que je suis à plaindre !

PREMIER INITIÉ, paraissant avec ses compagnons.

Eh bien, Papageno, qu'as-tu donc à te désoler ainsi ?

PAPAGENO.

Ce que j'ai ?... j'ai que je suis furieux et que je prévoyais bien ce qui m'arrive quand les fées m'ont ordonné de suivre Tamino. Pour lui tous les plaisirs, pour moi tous les ennuis !

PREMIER INITIÉ.

Tu te trompes étrangement. Ce pauvre Tamino n'est pas au bout de ses peines, il lui faut encore traverser la grotte qui précède l'entrée du Temple et c'est là que ses ennemis le guettent pour soulever les éléments contre lui.

PAPAGENO.

Vraiment! les éléments! brr!...

PREMIER INITIÉ.

Quant à Pamina, un rêve envoyé par la reine de la nuit a jeté le désespoir dans son âme, et la pauvre enfant, persuadée que son fiancé a succombé aux dangers de son entreprise, a presque perdu la raison.

PAPAGENO.

Perdu la raison! voyez-vous! l'amour n'est bon qu'à causer notre malheur. Aussi j'y renonce et ne veux plus en entendre parler. Comme cela je vivrai tranquille! C'est bien décidé. Je n'y pense plus! Eh bien non! j'y pense plus que jamais!... je l'aime! je l'adore, il faut que je la retrouve. Je la retrouverai, fût-ce au bout du monde!... ou par ma foi!... je mourrai pendu!

SCÈNE IV

LES TROIS INITIÉS.

PREMIER INITIÉ.

Ah! ah! sa belle résolution n'a pas duré longtemps! Mais c'est à Pamina que nous devons songer plutôt qu'à lui. L'heure approche, qui va décider de son sort.

FINALE.

LES TROIS INITIÉS.

ENSEMBLE.

Bientôt la nuit va disparaître
   Devant les feux du jour!
Voici déjà les fleurs renaître
   Avec les chants d'amour!
O douce paix que rien n'altère,
Divin rayon, descends sur terre,
Et fais à ce séjour mortel
Connaître le bonheur du ciel!

PREMIER INITIÉ.

Voici Pamina!... sort barbare!

LES DEUX AUTRES.

Elle gémit! l'amour l'égare!

ENSEMBLE.

Plaignons les cœurs dont il s'empare.
De son amant on la sépare!
S'il pouvait paraître à ses yeux,
Combien son cœur serait heureux!
Allons! elle approche, partons!
Et sur ses jours de loin veillons!...

(Les trois initiés s'éloignent et se tiennent à l'écart. Pamina entre en scène.)

SCÈNE V

Les Mêmes, PAMINA.

PAMINA, un poignard à la main.

De toi j'attends le doux repos
Qui mettra fin à tant de maux !

LES TROIS INITIÉS.

Ah! que dit-elle? Suivons-la,
Sa raison s'égare déjà.

PAMINA.

Ce fer au moins sera fidèle ;
Ce qu'il promet, il le tiendra.

LES TROIS INITIÉS.

Quel trouble sur son visage !
Sur son front, ah! quel nuage !
Jeune fille, calme-toi.

PAMINA.

Je t'appelle sans effroi,
Douce mort qui vois mes peines,
Glace mon sang dans mes veines,
C'est toi seule en qui j'ai foi.

LES TROIS INITIÉS.

Jeune fille, calme-toi.

PAMINA.

Non! pour moi plus d'espérance !
La mort seule à ma souffrance
Promet enfin le repos
Et l'oubli de tant de maux.

LES TROIS INITIÉS.

Ah! reviens à la raison.

PAMINA.

Non! dans un tel abandon,
Vivre est un cruel supplice ;
Que ce fer me soit propice !
C'est la mort en qui j'ai foi...

LES TROIS INITIÉS.

Jeune fille, calme-toi !
Tendre amante, attends encore !
Tamino toujours t'adore,
Et t'a su garder son cœur.

PAMINA.

Lui, m'aimer ! douce promesse !
Mais d'où vient qu'il me délaisse ?
Sans pitié pour ma douleur,
Le perfide m'abandonne !...

LES TROIS INITIÉS.

Que ton âme lui pardonne !
Dans la nuit qui l'environne
Ton image encor le suit.
C'est l'amour qui le conduit
Dans les ombres de la nuit.

PAMINA.

Ah ! cédez à ma prière,
Rendez-moi mon cher époux.

LES TROIS INITIÉS.

Pamina, compte sur nous.
Vit-on jamais puissance humaine
De deux amants briser la chaîne ?
Dans leur essor victorieux,
Leurs cœurs s'envolent vers les cieux !

(Pamina s'éloigne ; les trois initiés la suivent.)

SEPTIÈME TABLEAU

La crypte du temple.

SCÈNE PREMIÈRE

TAMINO, GARDIENS DU TEMPLE. — PRÊTRES.

(Tamino est en scène, on accomplit les rites de l'initiation.)

LES DEUX GARDIENS.

Toi qui prétends venir à nous, frémis et tremble !
Les éléments sont ligués tous ensemble !
Si ton cœur, si ton bras sans crainte ont combattu,
Attends des dieux le prix de ta vertu.
Ton âme pour les cieux quittant la terre,
Va contempler d'Isis le noble et saint mystère.

TAMINO.

Nulle frayeur ne peut m'atteindre.
Pour moi la mort n'est pas à craindre.
Oui ! droit au but je veux courir !
Rien ne saurait me retenir.

(Les prêtres sortent.)

SCÈNE II

TAMINO, PAMINA, LES DEUX GARDIENS.

PAMINA.

Cher Tamino ! vers toi j'accours !

TAMINO.

Qu'entends-je ? Sa voix m'appelle !
Les dieux ne sont pas restés sourds
Aux vœux ardents d'un cœur fidèle.
Nous sommes unis pour toujours.
Mais quoi ! je dois combattre encore !

LES GARDIENS.

Combats pour celle qui t'adore !

TAMINO.

L'amour nous montre le chemin.
Marchons ! Ma main presse ta main.

LES GARDIENS.

L'amour vous montre le chemin,
Et le bonheur vous tend la main.
Un couple uni jusqu'à la mort
Mérite les faveurs du sort.

PAMINA.

A toi ma vie ! à toi mon cœur !

TAMINO.

A toi toujours ! Ah ! quel bonheur !
Ce bras est invincible !
Je brave le trépas !

PAMINA.

L'amour rend tout possible.
Mon cœur ne tremble pas.
Amour, protége-nous ! Amour guide nos pas !
Mais ce talisman dont le charme
Peut défier jusqu'aux enfers,
Ta flûte va bien mieux qu'une arme
Nous défendre par ses concerts.
Tout est soumis à sa puissance,
Contre elle pas de résistance.
Tout cède à ses accents vainqueurs ;
Sa voix entraîne tous les cœurs.
Le djinn tremblant obéira.
Ce talisman nous sauvera.

TAMINO et PAMINA.

Tous deux unis, marchons au but.
Pour nous c'est là qu'est le salut.

LES GARDIENS.

Tous deux unis, marchez au but.
Pour vous c'est là qu'est le salut.

(Les deux gardiens s'éloignent.)

SCÈNE III

TAMINO, PAMINA, LES GÉNIES DU FEU ET DE L'EAU.

(Les génies du feu envahissent la scène, et par divers prestiges s'efforcent d'effrayer Pamina et Tamino ; mais ils sont contraints de céder au pouvoir de la flûte enchantée et se retirent.)

TAMINO et PAMINA.

Sortis vainqueurs de ces épreuves
Grâce à tes sons harmonieux,
Tu vas nous donner d'autres preuves
De ton pouvoir mystérieux.

(Les génies de l'eau, qui ont remplacé les génies du feu, sont obligés de se retirer à leur tour aux sons de la flûte enchantée.)

Grands dieux ! l'espoir rentre en mon cœur,
Isis nous promet le bonheur.

CHŒUR, au dehors.

Victoire ! honneur à vous !
Tous deux unis, tendres époux,
Le ciel a su vous assister
Et rien ne peut vous arrêter.

(Tamino et Pamina s'éloignent. — La décoration change d'aspect et représente la porte du temple.)

HUITIÈME TABLEAU

SCÈNE PREMIÈRE

PAPAGENO seul. Il arrive en cherchant partout d'un air inquiet.

Papagena ! Papagena !
Chère femme ! disparue !
Plus d'espoir !... ah ! je l'ai perdue.
Partout je porte au loin ma vue.
J'appelle en vain ; seul me voilà.
Rien ne me consolera.
Maudit soit mon bavardage !
Ah ! quand je pense à tant d'attraits,
Mon cœur gémit de son veuvage.
Je la perds et pour jamais !

Papagena ! ma fillette !
Ma colombe ! ma fauvette !

Mais en vain ma voix répète
Le doux nom de la pauvrette.
Plus d'espoir ! pour en finir,
C'en est fait, je veux mourir !
A cet arbre il faut me pendre !
Quel bonheur pourrai-je attendre ?
Cesserai-je de gémir !
Monde ingrat, je dois te fuir.
Je n'ai trouvé sur la terre
Que tristesse et que misère.
Puisqu'il faut toujours souffrir,
C'en est fait, je veux mourir !

(Il attache une corde à un arbre pour se pendre.)

Cependant j'aurais envie
De remettre la partie,
Si quelqu'un, par amitié,
De mon sort avait pitié !
Nul ne parle ! quel silence !
C'en est fait ! plus d'espérance !
Papageno, mon garçon,
Pends-toi vite et sans façon !
Mais je ferais bien, je crois,
De compter rien qu'un, deux, trois !
Un !... deux !... trois !...
C'est fini ! plus d'espoir !
Mourir est un devoir !...
O monde ingrat !... bonsoir !

SCÈNE II

PAPAGENO, LES TROIS INITIÉS.

LES TROIS INITIÉS.

Attends ! attends !
Papageno, de grâce, attends !
Quand on est mort, c'est, hélas ! pour longtemps.

PAPAGENO.

Vous plaisantez fort à votre aise !
Mais ce serait une autre thèse,
Si quelque amour vous tourmentait.

LES TROIS INITIÉS.

Eh bien ! fais sonner ta clochette,
Pour demander un tête-à-tête.

PAPAGENO.

Mon talisman !... Suis-je assez bête !
Il m'était sorti de la tête !
Que j'en éprouve encor l'effet !

(Agitant sa clochette.)

Sonne, sonne, ma clochette,
Rends-moi mes amours;
Sonne, sonne, ma clochette,
Et sauve mes jours!

LES TROIS INITIÉS.

Regarde!... la voilà!

(Papagena paraît, les trois initiés disparaissent.)

SCÈNE III

PAPAGENO, PAPAGENA.

PAPAGENA.

Papageno!...

PAPAGENO.

Papagena !
Tu parais à ma vue!
Enfin tu m'es rendue!

PAPAGENA.

Oui, je te suis rendue !

ENSEMBLE.

Quel trouble je sens là!...
Ah ! les dieux nous réunissent!
Dieux bienfaisants,
Qu'ils nous bénissent
Et qu'ils nous donnent des enfants !

PAPAGENO.

Qu'un gros Papageno m'arrive !

PAPAGENA.

Qu'une Papagena le suive !

PAPAGENO.

Presto!
Nouveau Papageno !

PAPAGENA.

Puis une autre Papagena !

ENSEMBLE.

Ah ! quelle nombreuse famille!
Qu'elle sera leste et gentille !
Bonheur que rien n'égalera,
Quand autour de nous l'on verra
Tant de Papageno, tant de Papagena !

(Ils s'éloignent.)

SCÈNE IV

MONOSTATOS, LA REINE DE LA NUIT, LES FÉES.

(Ils entrent avec précaution.)

ENSEMBLE.

De la prudence
Et du silence!
Dans nos filets
Attirons-les !

MONOSTATOS.

O reine! pense à moi de grâce!
Mais hâtons-nous, car l'heure fuit.

LA REINE DE LA NUIT.

N'attendons pas que l'heure passe,
C'est la dernière de la nuit.

LES FÉES.

Voici bientôt finir la nuit.

ENSEMBLE.

Mais des entrailles de la terre
Quel bruit sinistre vient à nous?
Là semble gronder le tonnerre
Pour les défendre de nos coups.

MONOSTATOS.

Sachons au temple les surprendre.
A notre aspect ils vont apprendre
Ce qu'il en coûte à nous braver !
Non, rien ne pourra les sauver.

LES FÉES.

Reine puissante de la nuit,
C'est ta vengeance
Qui s'accomplit.

(Le jour se lève, la porte du temple s'ouvre, le fond du théâtre s'éclaire. Isis paraît au milieu d'un ciel éclatant de lumière. On aperçoit Sarastro, Tamino, Pamina, Papageno et Papagena, entourés des prêtres d'Isis.)

SCÈNE V

LES MÊMES, SARASTRO, TAMINO, PAMINA, PAPAGENO, PAPAGENA, LES PRÊTRES.

LA REINE.

Hélas! ma puissance
Finit sans retour !
Un maître s'avance,
C'est l'astre du jour.

4.

SARASTRO.

La pure lumière
Dissipe la nuit.
Le règne éphémère
Du crime finit.

CHŒUR.

De nos saints mystères
Pénétrez le sens.
Gloire aux dieux puissants!
Cœurs francs et sincères,
D'un monde trompeur
Fuyez les misères,
A vous le bonheur !

(La toile tombe.)

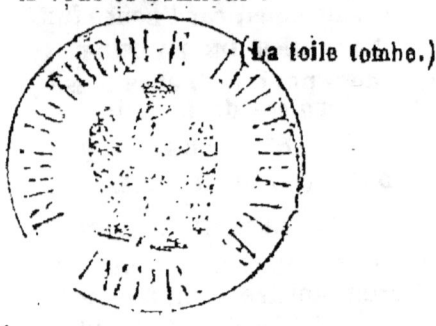

FIN

AVIS IMPORTANT

Le droit de propriété étant garanti par l'accomplissement des formalités exigées par les traités internationaux, la représentation de la *Flûte enchantée* est expressément interdite sur les théâtres étrangers, sans l'autorisation, par écrit, des auteurs.

Imprimerie L. Toinon et Cie, à Saint-Germain.

www.ingramcontent.com/pod-product-compliance
Lightning Source LLC
LaVergne TN
LVHW022123080426
835511LV00007B/983